A PROPOS DES CRITIQUES DU SALON DE 1862

DE

L'ENSEIGNEMENT ACADÉMIQUE

ET DES

RÉCOMPENSES HIÉRARCHIQUES

Offertes aux Artistes

PAR

GÉRARD SÉGUIN

PARIS

TYPOGRAPHIE DE GAITTET

RUE GIT-LE-CŒUR, 7

1863

A PROPOS DES CRITIQUES

DU SALON DE 1862

PAR

GÉRARD SÉGUIN

A PROPOS DES CRITIQUES DU SALON DE 1862

DE

L'ENSEIGNEMENT ACADÉMIQUE

ET DES

RÉCOMPENSES HIÉRARCHIQUES

OFFERTES AUX ARTISTES.

I.

Puisqu'à l'occasion du Salon de 1862 quelques critiques se lamentent sur l'état actuel des arts, qu'il nous soit permis de mêler notre voix à celle de ces nouveaux Jérémies, et de rechercher avec eux la cause du mal.

Pas un de ces critiques n'aborde franchement la question, quoique tous crient à la *décadence*.

Or, nous nous demandons d'abord si le mot *décadence* convient bien à l'état de pléthore dont les arts paraissent atteints aujourd'hui. A notre avis, la décadence des arts s'annonce ordinairement par une dégénération progressive de la science de l'art, et du bon goût; toute tradition se perd, et l'on descend lentement, mais fatalement, la pente qui mène à la barbarie. Rien de pareil aujourd'hui. Dans cette moderne Babel, on trouve de tout, en tous genres et à toutes les tailles ; mais c'est bien moins le mauvais et le barbare qui nous envahissent, qu'une sorte d'habileté d'emprunt, à la portée des esprits les plus étroits.

L'état actuel de l'art est donc sans antécédents comme sans nom. L'ecclectisme qui le caractérise et l'amoindrit tend à faire naître chaque jour une moyenne de talent menaçant de tout envahir, et menant droit à un abâtardissement général dont il serait difficile de retrouver l'analogue dans le passé. Nous marchons vers une impasse d'où il nous paraît impossible de sortir sans un de ces violents efforts de l'Humanité, un de ces cataclysmes immenses qui broient ce que le passé a pu accumuler de faux, pour remettre l'homme dans la véritable voie du vrai, du simple et du beau.

II.

Lorsqu'on s'est une fois écarté du vrai, du simple, du beau, l'art cesse d'être l'expression d'une grande idée sociale, puisque cette idée n'existe plus. Il descend jusqu'aux puériles vanités de l'individualisme ; il devient un pur mécanisme, accessible à tous. C'est alors que des hommes, remplis peut-être d'excellentes intentions, mais ignorants des vrais besoins de l'art, songent à établir une sorte d'ordre dans le désordre, et, pour arriver au but qu'ils se proposent, essaient d'une hiérarchie quelconque, comme si les œuvres de l'imagination pouvaient être soumises à de pareilles lois. Heureuse idée !...

Sans doute, il se trouve dans l'art comme en toutes choses une échelle du bien et du mal; mais comme le but du véritable artiste n'est pas le plus ou le moins dans le bien, mais le bien absolu, assigner à ce bien des degrés, et en faire l'objet d'une mesquine rémunération, c'est donner un appât aux intelligences vulgaires, et souvent décourager le vrai talent, qui ne peut ni ne doit s'accommoder de si peu.

C'est donc un mal de tendre la main à qui ne peut franchir seul la barrière qui sépare l'art vraiment senti, franchement individuel, de cet art stéréotypé et banal qui court les rues. Et c'est précisément ce que font les petites promotions qui ont lieu après chaque Salon. Le véritable artiste ne saurait être ni encouragé ni récompensé par de pareilles misères; on amoindrit ainsi le but vers lequel il tend, et on ne fait qu'accroître le mal, faute d'en vouloir reconnaître la cause.

Pour bien sonder la plaie, il faudrait remonter à une époque plus reculée que celle où fut créé le système des promotions dont nous parlons, et qui n'est lui-même que la conséquence de l'enseignement bâtard donné de longue date aux artistes.

Nous toucherons donc (ô témérité!) à l'arche sainte... Que tous les Prudhommes de l'art se voilent la face, nous allons tâcher de remonter au principe même du mal, et le signaler *pro Deo* et *coram populo*, comme nous l'avons fait il y a déjà longtemps en petit comité.

III.

C'est aux Académies, aux écoles des beaux-arts, aux professeurs ès-arts que nous irons franchement demander compte de l'état où leur enseignement borné jette les trois quarts des jeunes artistes. C'est surtout à ce corps dit *enseignant*, et qui toujours, en matière d'art, a servi de guide à tous les gouvernements possibles, que nous reprochons le mal actuel. N'est-ce pas lui en effet qui, avec son système de prétendue émulation, étouffe au berceau les germes de la virilité chez l'artiste? N'est-ce pas lui qui, loin de chercher à élever l'enfant jusqu'à l'homme, l'habitue de bonne heure aux langes de la médiocrité? Plus tard, l'arbre porte ses fruits, et l'artiste, en perdant le sentiment de sa dignité, perd en même temps l'amour saint et pur de l'art; ainsi dépravé, il oublie le seul but digne de sa mission en ce monde, celui de réaliser le sentiment du beau dont il reçoit le germe en naissant, pour ne plus voir que des hochets, et ne plus rêver qu'aux mesquines récompenses devenues en quelque sorte la garantie de son existence.

Loin de nous, toutefois, la pensée de nier la valeur ni de suspecter la bonne foi des hommes qui les premiers ont songé à créer des corps académiques. Ces hommes d'un vrai mérite, d'une loyauté incontestable, n'ont eu certainement d'autre pensée que d'entretenir le feu sacré et l'éternelle lumière que le beau seul peut répandre sur les arts; mais comment, devant les tristes résultats offerts à nos yeux, ne pas reconnaître qu'ils ont

fait fausse route? Sans doute, il est d'éternelles tradi-
tions dont on ne saurait s'écarter sans tomber dans
d'absurdes conceptions ; sans doute, il y a eu des écoles
devant lesquelles on ne peut que s'incliner avec res-
pect, celles surtout qui ont eu pour maîtres les Léonard
de Vinci, les Raphaël, les Michel-Ange, les Giorgion,
les Titien, les Paul Véronèse et les Corrège. Nous nous
inclinons aussi devant cette pléïade d'esprits distingués
qui, mettant de côté toute puérile vanité, se groupèrent
autour de ces grands hommes et les aidèrent à exécuter
leurs chefs-d'œuvre. A elle encore toutes nos sympathies.
Mais quel rapport entre ces écoles formées d'inspiration
par une sainte famille d'hommes doués des mêmes apti-
tudes dans l'art, et les Académies, avec leurs réglements,
leurs bureaux, leurs présidents, leur secrétaires trop
perpétuels, et surtout leur enseignement bâtard? Comment ne pas comprendre qu'une assemblée d'hommes
ayant tous des perceptions différentes, sont nécessai-
rement obligés d'adopter pour l'éducation des élèves
une sorte de moyenne qui ne peut que mener à la médiocrité, de quelque nom qu'on veuille déguiser cette
médiocrité?

IV.

Pour bien faire comprendre les abus engendrés par les
Académies, il nous paraît inutile d'en faire l'historique
complet. Il nous suffira de jeter un coup d'œil sur l'Académie créée sous Louis XIV et sur celle qui siége aujourd'hui à l'Institut, pour prouver une fois de plus que

rien d'élevé, rien de grand, rien d'original ne saurait sortir de ces doctes assemblées, et pour démontrer aussi que, loin d'avoir su élever le sentiment de l'art, elles n'ont fait que l'amoindrir par leur enseignement bâtard.

Quelques mots donc sur les conditions dans lesquelles se forma l'ancienne Académie Royale de peinture et de sculpture, sur son origine, ses aspirations, sa chute, et sur ce qui l'a remplacée.

A l'époque si brillante de la Renaissance il n'y avait que des corporations. Chaque corporation avait son patron sous l'invocation duquel elle se plaçait. Saint Luc était le patron des peintres, et, dans cette communauté, tout était réuni sous la dénomination de *peintres et sculpteurs*. Là, tout se confondait, le statuaire et le tailleur de pierres, le peintre qui couvrait les murs de badigeon et celui qui s'était donné pour mission d'imiter les objets chers à l'imagination et au cœur de l'homme. Il suffisait d'exercer le métier de la peinture et de la sculpture dans quelques-unes de ses parties pour avoir le droit d'enseigner la jeunesse, et par cela seul aussi que la dépense pour l'entretien de ces écoles était prise sur les fonds de la masse de la communauté. Tel était l'état de l'Académie de Saint-Luc et de ces écoles à une époque où les artistes les plus distingués du siècle de Louis XIV siégeaient dans cette société moitié académie, moitié corporation.

Mais le joug de la maîtrise déplut à quelques-uns des artistes dont nous parlons. Ainsi Lebrun, Lesueur, Déjardin, Bourdon et quelques autres se séparèrent à jamais de leurs confrères, pour créer une société nouvelle, sous le titre d'*Académie Royale de Peinture et*

Sculpture ; et Louis XIV voyant son premier peintre en tête des dissidents de l'Académie de Saint-Luc, flatté en outre de patroniser une société qui, d'elle-même, se mettait sous sa protection, la dota de mille livres de revenu et d'un local spacieux au Louvre.

Quel avantage les arts devaient-ils retirer de cette scission, et quelles améliorations pouvaient résulter de la création de cette nouvelle société? Examinons.

V.

Jean Goujon, Germain Pilon, Jean Cousin, Clouet, le Primatice, et plus tard Callot, Poussin, Claude Lorrain vécurent sous le régime de l'Académie de Saint-Luc. En quoi leur génie était-il moins grand dans son expression? L'Académie royale de peinture et de sculpture, qu'aurait-elle pu leur donner de plus? Et cette prétendue émulation dont les Académies se sont vantées depuis d'étendre les bienfaits, quelles inspirations nouvelles aurait-elle pu leur apporter? Quels peintres, quels sculpteurs ont surpassé, égalé même, à l'exception de Lesueur, ces grands hommes? Ne craignons pas de le dire et de le répéter mille fois : les Académies ne sont pas faites à la taille des hommes que nous venons de citer; elles n'ont jamais servi qu'à produire une certaine moyenne dans l'art, sans originalité, sans intuition, sans génie enfin; et, s'il en est sorti quelquefois de fortes individualités, comme celle de M. Ingres, par exemple, ces individualités savent ce qui leur en a coûté pour faire accepter leur robuste nature par ces momies de l'art.

L'Académie royale de peinture et de sculpture, bien que sous le patronage d'artistes distingués, ne fit pas défaut à son principe. Après avoir bien légiféré sur l'art, bien péroré sur la peinture et la sculpture, et laissé à la postérité passablement d'œuvres médiocres, elle se vit un jour emportée par la tourmente révolutionnaire, aussi bien que les maîtrises et les jurandes, et frappée par la main même de ceux qui vivaient dans son sein. Depuis, ces mêmes hommes devaient former de ses débris une sorte de replâtrage, cher sans doute à leur vanité, mais peu favorable à l'art. Le républicain, le sans-culotte David fut un des premiers à accueillir la nouvelle forme académique, et ce qui avait été détruit comme un monopole odieux, fut reconstruit dans des conditions mille fois plus despotiques. Transformée en véritable décemvirat, pendant longtemps cette Académie commanda en maître. Cénacle absolu, sans contrôle, ce fut elle qui décréta d'accusation Géricault, le plus grand peintre peut-être de notre époque; et elle aurait certainement étouffé les Delacroix, les Scheffer, les Sigalon et toute cette pléïade de 1830, si cette brave jeunesse n'avait eu le courage de lutter avec énergie contre cette société tronquée, cette fille dégénérée qui n'avait su conserver de son aïeule que l'enseignement étroit et bâtard dont nous voyons les fruits aujourd'hui.

VI.

Il nous a été donné de connaître des membres de
l'ancienne Académie. Ces braves gens déploraient comme
un sacrilége la destruction de leur temple. Ils criti-
quaient avec juste raison les réglements de la nouvelle
Académie, et regardaient avec non moins de raison celle
à laquelle ils avaient appartenu comme plus libérale
dans son organisation, plus grande dans ses vues.

L'ancienne Académie, composée d'un nombre illimité
de membres, appelait à elle tous ceux qui faisaient
preuve de talent dans un genre quelconque. La nouvelle,
une fois installée, rechigna dans son coin de l'Institut,
et de là regimba contre tout ce qui était neuf, jeune et
hardi. Le but de l'une avait une certaine grandeur et
visait à donner aux artistes une haute émulation. L'autre,
au contraire, égoïste et mesquine, inventa, en vue des
progrès de l'art, les jolies petites récompenses que nous
savons, et trouva charmant d'embrigader ses confrères
en leur octroyant des chevrons et des mentions honorables. Nul besoin sous l'ancienne Académie de passer
par la filière de ces petites récompenses pour arriver
jusqu'à elle. Grande dame, elle vous ouvrait libéralement
les portes de son salon, pourvu que vous pussiez lui
donner la preuve de votre talent, qu'elle appelait *mor-
ceau de réception*. La nouvelle Académie ne saurait vous
recevoir sans un certain nombre de génuflexions devant
chacun de ses membres, et seulement à la condition

d'attendre qu'un corbillard à palmes académiques vienne enfin à sortir du vieux palais Mazarin.

Sans doute, sous l'ancienne Académie il y avait bien quelques-uns de ces abus qui font toujours partie du bagage académique. Sans doute, la méthode d'enseignement à émulation continue était déjà inventée et depuis longtemps ; mais une fois sorti des bancs de l'école, l'artiste au moins pouvait reprendre sa dignité d'homme et n'avait plus qu'un noble but à atteindre. Son horizon s'élargissait; il ne s'agissait pas pour lui d'ajouter chaque année quelque bribe de plus à un mince bagage de talent, de faire quelque mesquin progrès de détail. Il n'avait plus à songer qu'à sortir de la foule pour se présenter à ce qu'on appelait alors le temple des beaux arts. Ne nous y trompons pas, le but des créatures de l'Académie était de rejeter avec le mauvais cette moyenne qui plaît tant au vulgaire ; et c'était justice, car l'art ne saurait admettre ce système de classification dans le médiocre, si cher à la gent administrative et bureaucratique. Malheureusement, le principe d'éducation particulier aux Académies paralysa d'excellentes intentions, et les résultats ne répondirent pas à d'honorables désirs.

Ne songeons donc plus à la hiérarchie dans les arts. Les œuvres qui ressortent du sentiment de l'homme ne sauraient se numéroter. On ne peut qu'admirer ce qui est beau, rester froid devant ce qui est médiocre, et tourner le dos au mauvais. Que l'exemple des Académies nous serve ; elles n'ont jamais pu faire éclore le génie, les faits le prouvent assez, et si elles ont rejeté le mauvais de leur sein, elles ont toujours été forcées de s'accommoder, faute de mieux, de cette moyenne devant laquelle on ne peut que rester indifférent ou ennuyé.

Il est temps de renoncer à exciter de mesquines ambitions, bonnes seulement pour les esprits médiocres, car c'est ainsi que les Académies, par leur puéril enseignement, ont donné naissance aux milles petites vanités qui viennent encombrer aujourd'hui la carrière des arts. En vain les prétendus maîtres voudraient-ils opposer une digue à cet envahissement; le mal est fait, et les Académies doivent périr par où elles ont péché. Dans ce taudis anarchique de l'art où nous sommes descendus, toute unité disparaît : il n'y a plus que des opinions, et le véritable artiste chercherait en vain son vrai milieu, la sanction populaire, il ne trouve plus que des coteries. Que si l'on nous citait quelques exceptions, nous rappellerions que ces exceptions ont eu en leur temps un public jeune, bouillant et passionné; il n'y avait alors que deux camps, et ce qui depuis est devenu individualité vaniteuse, était alors soldat enflammé dans l'un ou l'autre de ces camps. C'était à cette époque l'art lui-même que l'on défendait; aujourd'hui, chaque petite coterie défend son petit cénacle. Il s'en forme dans tous les coins, et on invente pour chacun des mots nouveaux, d'absurdes doctrines dont le vocabulaire est emprunté à je ne sais quel jargon d'atelier..... et tout cela grouille et remue dans un milieu aussi petit, aussi mesquin, que le système étroit des promotions qui régit l'art depuis près d'un demi-siècle.

VII

Et maintenant que, parmi toutes les causes aux-
quelles la critique attribue ce qu'elle appelle la décadence de l'art, nous venons de signaler celle qui nous
paraît la plus importante, nous ne pouvons que décliner
notre incompétence sur le remède à apporter. De quelque manière qu'on s'y prenne, quelque palliatif qu'on
veuille appliquer, la gangrène nous paraît avoir fait de
tels progrès qu'il serait presque puéril de chercher à ne
la combattre que partiellement. C'est au gouvernement,
c'est à la science, c'est aux hommes d'avenir que cette
tâche est dévolue. Seulement, nous sommes étonné
qu'au milieu de cette anarchie artistique, que devant ce
dédale d'opinions contraires, de cette tour de Babel où,
chaque jour de nouvelles voix viennent rendre le cahos
plus grand, les gouvernements n'aient pas encore pensé
à se débarrasser d'une tâche aussi ennuyeuse pour eux
qu'inutile et pénible. Pourquoi ne pas laisser les arts
livrés à eux-mêmes? Qu'a-t-on gagné à chercher à les
enrégimenter?... Quels grands artistes a produits ce
régime, et par conséquent quels grands artistes perdrait-
on si l'on y renonçait?

Le gouvernement, en ouvrant un local aux expositions
annuelles, procurerait libéralement à tous la possibilité
de se faire connaître du public; du moins il n'aurait
plus à regretter de donner, par d'inutiles libéralités,
aide et protection à cette foule d'esprits médiocres et
patients qu'on rencontre dans toutes les carrières et qui

semble réservée, dans celle dont nous nous occupons, à faire prendre l'art en dégoût.

Nous savons tout ce qu'une pareille mesure soulèverait de criailleries, de jérémiades et de récriminations. Nous savons aussi que protégés et prétendus protecteurs crieraient au vandalisme et à la sauvagerie. Et pourtant, le gouvernement qui prendrait une pareille mesure, en cessant d'encourager le médiocre et le banal cesserait-il pour cela de montrer son amour pour les arts? Loin de là... N'est-ce pas déjà beaucoup que de ne pas faire le mal?... Et, du reste, qui lui retirerait donc le droit de choisir pour les travaux publics des hommes d'un vrai mérite? Pourquoi chez lui le choix serait-il moins bon, le goût moins sûr que chez les aristarques chargés aujourd'hui de lui faire un triage? Comment procédèrent-ils les princes qui reçurent, à bon droit, le nom de protecteurs des arts? Jules II s'est-il inquiété du nombre de médailles obtenues par Michel-Ange, avant de lui confier les travaux de la chapelle Sixtine et de Saint-Pierre de Rome? Léon X s'est-il occupé des bons points de Raphaël pour lui donner les Stances à décorer? Où a-t-on vu enfin que François Ier se soit inquiété des succès académiques ou de salon, pour commander des statues à Jean Goujon et à Germain Pilon?

Tel milieu social, dit-on avec raison, est appelé à produire de grands artistes, tel autre peu ou point... Qu'y faire?... En tout, il faut savoir attendre, et, dans tous les cas, ne pas s'exposer à reculer, par un zèle inconsidéré, l'avénement d'une ère plus heureuse.

VIII.

Nous croyons avoir suffisamment prouvé que la prétendue protection octroyée aux arts et par les Académies avec leur éducation étroite, et par les administrations avec leurs encouragements mesquins, ne saurait plus rien diriger aujourd'hui ; que la direction qu'elles ont voulu imprimer, loin de servir à élever la dignité de l'art, est au contraire de nature à l'amoindrir. Nous proposons purement et simplement de ne rien mettre à la place, avec la certitude que le mal ne saurait être pire ; et, avec l'espoir de voir, sous un régime entier de liberté, se relever le caractère de l'artiste, ce qui serait bien quelque chose, et ce qui pourrait amener aussi, dans un avenir peu reculé, la réédification de l'art lui-même.

GÉRARD SÉGUIN.

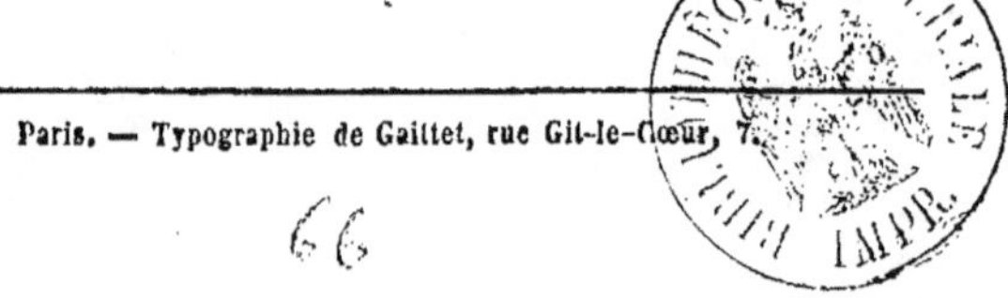

Paris. — Typographie de Gaittet, rue Git-le-Cœur, 7.